AF230342

DES CAUSES

DE LA

DÉCADENCE FRANÇAISE

Prix : 50 centimes.

BORDEAUX ET ARCACHON

LIBRAIRIE MODERNE

—

1871

Les projectiles à grande portée allaient se substituer aux armes anciennes, telles que le javelot, la lance, la pique et la fronde. La valeur personnelle et la force physique ne devaient plus avoir la même importance dans les combats. De cette révolution allaient naître la tactique militaire et les nombreuses agglomérations d'hommes ; le système féodal allait être miné et devait dans un avenir peu éloigné crouler pour toujours.

L'imprimerie devait surtout précipiter la ruine de l'ancienne organisation vermoulue des peuples. Les livres pouvant être désormais reproduits sans limites et livrés à bon marché, l'instruction devait nécessairement se vulgariser et descendre à la portée de tous, et le premier usage que les masses allaient faire de cette arme puissante devait être leur émancipation et la revendication de leurs droits, c'est-à-dire l'affirmation du grand principe de l'égalité des hommes, qui avait été proclamée par le Christ, il y a dix-huit cents ans, mais que les puissants de la terre avaient cru devoir sequestrer à leur profit. Aussi, depuis la fin du quinzième siècle, il s'opérait un travail de transformation dont l'activité allait en redoublant. Les écrivains des dix-septième et dix-huitième siècles amenèrent aux idées nouvelles d'innombrables adeptes. Le fleuve grossissait toujours, et il était aisé de reconnaître que, si on ne lui faisait un lit plus large et plus profond, il dévorerait ses rives et entraînerait les faibles digues qu'on lui opposait.

Si le gouvernement de Louis XVI eut été mieux inspiré, si ce roi honnête homme avait su ou pu s'affranchir des obstacles qu'élevaient sans cesse devant sa bonne volonté des hommes de cour, qui

ne voyaient dans le nouvel ordre de choses qu'un
amoindrissement de leur importance et une atteinte
à leurs intérêts personnels, aulieu de comprimer
la machine qui allait faire explosion, il eût ouvert
la soupape de sûreté, qui n'était autre chose que
l'égalité devant la loi, l'abolition des priviléges de
la noblesse et du clergé et l'établissement de la
proportionnalité des impôts.

Il n'avait qu'à accepter et sanctionner définitivement les grandes réformes opérées par la Consti-
tuante et leurs conséquences directes; mais il
fallait rompre avec les abus, avec les préjugés dans
lesquels il avait été élevé, et se mettre en opposition avec tous les éléments de sa cour. C'était trop
pour le caractère irrésolu de ce bon souverain; il
voulait bien faire leur part aux aspirations nouvelles, mais il ne pouvait briser les chaînes qui le
liaient à son entourage, c'est-à-dire au passé. De
là ses scrupules, ses fausses mesures et ses tergi-
versations dans un temps où un moment perdu
était irréparable. De là les suspensions des lois et
les refus de sanction, qui lui valurent le surnom de
Roi Veto, et qui en déversant le ridicule sur sa tête
lui enlevèrent son prestige et en firent la proie de
l'échafaud.

Une autre faute du malheureux roi fut de ne pas
s'opposer énergiquement à l'émigration des nobles et du clergé, et surtout des princes de Provence
et d'Artois, ses frères, qui donnèrent le signal du
départ et compromirent par un coup de tête sa dynastie, dont l'origine se perd dans la nuit de l'histoire de notre pays. Il n'aurait pas dû surtout prêter
l'oreille à leurs suggestions pernicieuses, et chercher un appui pour son trône en dehors de la France.

L'entreprise avortée de Varennes amena le 21 janvier 1793, jour néfaste non-seulement parce qu'il rappelle le supplice d'un des meilleurs des rois, mais surtout parce que depuis cette époque notre malheureux pays, comme un navire privé de gouvernail, a sans cesse été en butte aux tempêtes révolutionnaires, aux coups de mains d'aventuriers sans scrupules, et aux attaques incessantes des nations de l'Europe ouvertement ou clandestinement liguées contre lui.

En 1792 la France était loin d'avoir un tempérament à supporter le régime républicain, et ce fut une folie de lui imposer cette forme de gouvernement, qui devait l'isoler en Europe et à laquelle d'ailleurs elle n'était pas préparée. Les excès de 1793 à 1794 la discréditèrent pour toujours, et la terreur que ces tristes souvenirs ont excitée n'a pas peu contribué à faire tomber la République de 1848, venue au monde au milieu de la surprise générale.

Puisque la Convention était assez puissante pour supprimer la royauté, à plus forte raison elle l'eût été assez pour lui mesurer d'une main parcimonieuse l'autorité qu'elle entendait lui laisser. Elle pouvait l'enfermer dans le cercle étroit d'une constitution sévère, lui faire une part moins large que celle que les Anglais ont laissée à leurs souverains; mais il fallait la conserver comme drapeau, comme signe de ralliement entre la France du passé et la France nouvelle.

Combien notre patrie aujourd'hui serait grande et prospère ! combien elle eût évité de malheurs, de catastrophes de toute nature !

D'abord nous n'aurions pas à déplorer les excès qui suivirent la chute du trône. Nous aurions pu connaître le général Bonaparte, parce qu'un homme d'une si grande valeur se serait toujours fait une place éminente dans le monde, mais non par Napoléon 1er, Empereur, dont le règne n'a été qu'une guerre incessante. La France n'aurait pas eu à pleurer quatre millions de ses enfants moissonnés prématurément et la ruine de sa puissante marine. Quant à la vaine gloire qu'il a donnée au pays, le dénouement amené par nos désastres l'avait déjà ternie, et le vaincu de Sédan nous a pour toujours rendu ce nom odieux.

Le lieutenant d'artillerie Napoléon Bonaparte, l'intime de Barras et de Robespierre jeune, qui disait à ce dernier : « Je sue le sans-culotisme par tous les pores, » était au début de la Révolution un ardent républicain. Sa fortune fut aussi rapide que son génie était grand ; à l'âge de 26 ans il était général en chef et son nom remplissait déjà le monde.

En récompense de ses services il fut nommé consul pour dix ans ; mais bientôt il se trouva trop à l'étroit dans la Constitution de l'an VIII ; la fortune avait beau le combler de ses faveurs, son ambition la devançait toujours.

Déjà l'ex-jacobin trouvait la récompense peu digne de lui. La fumée d'une gloire si prompte l'avait enivré ; il lui fallait autre chose que d'être le premier dans une république ; il voulait fonder une jeune dynastie qui serait comme une transaction entre le passé et le nouvel ordre de choses établi par la révolution. Il n'avait pas de descendant direct ; mais il était jeune et, la loi sur le divorce aidant, il pouvait encore forcer le destin à lui donner satisfaction sur ce point ; le consul allait donc s'ériger en souverain; il allait commencer une nouvelle ère césarienne et, à l'exemple du grand Jules, asseoir l'Empire sur les ruines de la République ; mais comme acheminement et pour ne rien brusquer, il se fît donner le consulat à vie : sous un autre titre c'était déjà l'empire.

Le grand homme en cette circonstance fît preuve de plus de vanité que de sens. Enfant de la révolution, il voulut confisquer à son profit les principes de 1789, et s'en faire hypocritement le dépositaire : c'était une arme dont il entendait se servir contre la dynastie déchue ; mais il ne voulait pas que l'on pût la retourner contre lui ; cependant la dynastie naissante avait plus à compter avec les exigences du jour.

Si l'ancienne monarchie avait résolument accepté la réforme que le progrès humain avait rendue indispensable on lui en aurait attribué le mérite et elle se serait raffermie.

Napoléon au contraire qui devait tout, après son génie, à ces deux abstractions : l'Egalité et la Liberté, n'avait aucun mérite à les admettre à son gouvernement. Bien loin d'avoir amené leur avénement, il était leur créature ; cependant il ne pouvait arriver au pouvoir suprême et s'y maintenir qu'en violant la première et en confisquant la seconde.

> Fils de la Liberté, tu détrônas ta mère ;
> Armé contre ses droits d'un pouvoir éphémère,
> Tu croyais l'accabler tu l'avais résolu ;
> Mais le tombeau creusé pour elle
> Dévore tôt ou tard le monarque absolu.
> Un tyran tombe ou meurt, seule elle est immortelle.
>
> Casimir DELAVIGNE.

Le gouvernement de Louis XVI aurait pu supporter la liberté ; celui de Napoléon ne le pouvait pas, par la raison qu'il n'avait pas encore de racines dans le sol français; il ne pouvait subsister qu'à la condition de ne pas être discuté; il n'avait donc pour se maintenir d'autre force morale que l'effet de ses victoires; mais cet effet devait tôt ou tard tourner contre lui, et malheureusement contre la France, qui n'avait pas su l'arrêter dans cette voie funeste; car il amassait contre son nom et contre le nom français des flots de haine et de vengeance, qui devaient aux premiers revers de ses armes rompre leurs faibles digues et porter la dévastation dans notre malheureux pays.

Ainsi en se faisant décerner l'Empire, Napoléon s'acculait à une impasse d'où il ne pouvait plus sortir.

Combien au contraire il eût été grand dans l'histoire si, au lieu d'écouter la voix de son ambition personnelle, ne s'inspirant que du bien de sa patrie, il ne s'était pas laissé tenter par l'exemple malsain de César. Nouveau Washington, il aurait été considéré comme le fondateur de la République, parce qu'il avait écarté de son berceau les préventions que les excès qui marquèrent sa naissance avaient laissées chez les hommes sages, et son nom glorieux n'eût pas été terni par un membre de sa famille aussi vain qu'incapable.

Cependant étant donnés la position qu'il avait prise et les faits accomplis, il aurait pu, sinon asseoir définitivement sa dynastie, du moins détourner de la France les plus grands malheurs et la laisser grande et puissante.

Après le désastre de Moscou, ce grand avertissement du ciel, cette expiation d'une gigantesque et coupable folie, il pouvait obtenir au congrès de

Prague une paix des plus honorables. La France conservait la Belgique, les Provinces Rhénanes, la Savoie et une partie du nord de l'Italie. L'Espagne devait faire l'objet d'un traité séparé.

Mais comme un joueur obstiné, cet homme, dont rien ne pouvait abattre l'orgueil indomptable, aima mieux courir encore les hasards des batailles.

Il croyait pouvoir de nouveau enchaîner la Fortune à ses canons. On sait ce qu'il en advint. Malheureusement la France était sur le tapis comme enjeu ; il la perdit, et s'il a cruellement expié pendant six ans sur un rocher perdu au milieu des mers les excès d'une ambition sans frein, la France de son côté a non moins cruellement expié le tort de lui avoir livré la gestion de ses affaires sans se réserver le moindre contrôle. Si elle n'avait pas abdiqué ses droits imprescriptibles, si elle avait fait entendre sa puissante voix au souverain, elle aurait épargné à son histoire deux pages bien lamentables : La guerre criminelle d'Espagne, la campagne insensée de Moscou et, par suite, les désastres qui marquèrent la fin de l'Empire.

Elle avait été éblouie par son génie surhumain ; mais elle aurait dû prévoir que son ambition, encore plus illimitée, devait fatalement l'amener à quelque épouvantable catastrophe.

Il faut croire qu'elle n'a pas des idées constitutionnelles bien arrêtées, puisque 37 ans après cet exemple, si malheureusement instructif, elle s'est encore livrée sans réserve au neveu, sur la foi seule de son nom et malgré les équipées ridicules de Strasbourg et de Boulogne, qui ne permettaient de voir en lui autre chose qu'un excentrique aventurier.

Les grands événements qui marquent les annales des peuples ne sont point, comme on le croit généralement, des effets du hasard. Ils obéissent à des règles déterminées, et un observateur attentif pourrait à l'avance les annoncer à quelques années près.

La révolution de 1830 est un de ces événements. Un œil exercé dans l'histoire a pu voir déjà se former l'orage sur l'horizon noir de 1815. Comme le voyageur qui aperçoit dans le lointain un point élevé, sans se rendre exactement compte de la distance, il n'a pas pu préciser l'époque, mais il a dû voir comme un fait fatal, irrévocablement arrêté, la chute de la dynastie restaurée de nos anciens rois.

Cet arbre séculaire, déraciné par la Révolution, s'était jeté sur le sol étranger, où il avait séjourné vingt ans. C'est en vain qu'on tenta à force de soins et de précautions de le remettre debout, le premier souffle populaire devait l'emporter. Replanté par les mains de l'ennemi il ne pouvait prendre racine sur les cendres de la patrie; l'entente des Bourbons avec les alliés avait rendu cette dysnatie anti-nationale.

Charles X, d'accord avec ses conseillers, eut en en outre le tort de vouloir renouer la tradition de la monarchie absolue, sans tenir compte de la transformation opérée dans la société française, et des idées nouvelles les plus admises dans la pratique du gouvernement; il précipita lui-même sa chute.

Aujourd'hui la restauration de cette dynastie, dont toute la force résidait dans le principe héréditaire, devient sans objet à défaut de descendance, et l'on ne comprend pas que les écrivains distingués de la *Gazette de France* et de *l'Union* viennent trompe des lances en faveur de leur roi. C'est très-bien à eux de lui conserver leur plus vive sympathie ; la fidélité aux grandeurs déchues, comme sentiment, a droit au respect de tous, mais à la condition de ne pas oublier ce que l'on doit avant tout à la Patrie. La restauration des Bourbons ne serait qu'une satisfaction donnée au comte de Chambord sans profit pour le pays, qu'on pousserait encore dans une voie sans issue et pleine de dangers.

Si la France avait eu un tempérament constitutionnel bien trempé, elle aurait vécu heureuse sous la dynastie de Juillet. Le roi Louis-Philippe n'avait point fait la Révolution de 1830, comme les amis de la branche aînée l'en ont accusé. Il en a profité, mais il n'a fait que ramasser la couronne que les malheureuses ordonnances avaient fait tomber du front de Charles X, et qu'il n'était alors au pouvoir de personns de rétablir sur cette tête antipathique au peuple.

Le nouveau roi, avait toutes les qualités qui peuvent assurer la popularité d'un souverain chez un peuple de sens rassis.

Philosophe dans la meilleure acception du mot, il lui répugnait d'exposer la vie des hommes par milliers dans ces jeux barbares de la force et du hasard que les peuples appellent la guerre, mais qui ne sont en réalité que des massacres exécutés pour distraire les princes avides de renommée, et empêcher l'activité de leurs sujets de s'exercer contre le trône.

C'est cependant cette qualité, grande entre toutes chez un roi, qui a servi de prétexte à des reproches passionnés.

On l'a accusé de vouloir la paix à tout prix. C'était de l'injustice et de l'ingratitude; car il bravait la désaffection de l'armée et l'impopularité pour ne suivre que les conseils de son cœur et de son expérience.

Nous voyons maintenant combien il avait raison de ne pas vouloir exposer la France, encore meurtrie, dans des luttes stériles qui l'auraient bientôt épuisée et mise à la merci des puissances européennes.

Admettant les diverses formes que l'homme emploie dans ses rapports avec la divinité, il tenait la balance égale entre tous les cultes.

Sa cour, sans faste inutile, n'offrait pas cette dépravation des mœurs qu'amène l'air délétère du trône.

En faisant élever ses fils dans les colléges de Paris et les mettant ainsi en contact avec la jeunesse française, il avait fait preuve d'habileté autant que de renoncement aux préjugés des races royales, qui ne peuvent se résoudre à voir leurs enfants suivre dans les écoles les mêmes leçons que les enfants du peuple, et courir le risque d'être vaincus par eux dans les luttes de l'intelligence.

Ce n'est pas ainsi qu'on élève généralement les princes; mais c'est bien de cette façon qu'on fait des hommes sérieux, exempts de théories surannées, et connaissant bien leur époque et leurs concitoyens.

Aússi, les princes d'Orléans, après les journées de février 1848, ont fait preuve du plus pur patriotisme. Leurs nobles sentiments sont gravés dans les touchants adieux adressés à cette époque par le duc d'Aumale à l'armée d'Afrique, et par le prince de Joinville à nos marins.

Si le roi Louis Philippe n'a pas fait enregistrer dans l'histoire de grands faits d'armes, qui ne donnent jamais qu'une gloire de mauvais aloi, gloire que la civilisation de l'avenir rejettera avec raison, du moins son règne n'a pas coûté de larmes à la nation.

Déjà pour nous, Alexandre et César ne sont que des criminels imposants. Le roi de Prusse, qui s'inspire de celui qui à Uxellodunum fit couper le poignet à deux mille Gaulois coupables d'avoir défendu leur pays, ne sera, il faut l'espérer, aux yeux des peuples unis, avant qu'il ne s'écoule un siècle, qu'un hypocrite scélérat.

Malheureusement, le spectre rouge de 93 ne cessait d'obséder le Roi, qui, au printemps de sa vie avait été témoin de tant de déplorables excès, et lui imposait une prudence exagérée qui énervait l'esprit public et condamnait la nation à l'immobilité. Derrière chaque réforme que lui demandait, non pas la Montagne, mais la gauche constitutionnelle, dont les illustres membres n'étaient pourtant pas des ennemis de la maison, il croyait toujours voir un abîme prêt à l'engloutir.

Cependant, les prétentions de MM. Thiers, Odilon, Barrot, Duvergier de Hauranne et leurs collègues n'étaient certes pas outrées ; c'était tout juste ce qu'il fallait pour tenir en haleine l'esprit politique et obéir à la loi du monde, qui est le mouvement.

Sous le régime du cens à **200** francs, 200,000 Français seulement concouraient à la confection des lois. Le favoritisme, qui est de tous les gouvernements, et qui n'est autre chose, comme le disait M. Guizot dans un de ses plus beaux discours, que l'abus des influences, n'était pas à beaucoup près aussi éhonté qu'il l'a été depuis, sous l'empire.

C'est sous Louis Philippe que le concours a été établi pour un grand nombre de services publics, et que pour quelques-uns on a exigé le baccalauréat. C'était des garanties que le gouvernement élevait lui-même contre ses préférences. Mais comme un nombre restreint de citoyens prenait part au banquet politique, et que le plus souvent les faveurs descendaient du pouvoir par leur intermédiaire, on était porté à accuser le système, tandis que sous le règne de Napoléon III, avec le suffrage universel, on ne savait à qui s'en prendre, on se contentait de gémir, et l'on disait : Il en a toujours été ainsi et il en sera toujours de même.

Il faut avouer que 200,000 électeurs, pour une nation de 37 millions de citoyens, formaient une base bien étroite et que, au premier tremblement du sol politique, l'édifice courait risque de ne pas tenir longtemps debout.

La prudence extrême du Roi devenait une extrême imprudence .

Qu'il eût renvoyé le 22 février ses ministres hostiles à la réforme et qu'il eut baissé le cens à 100 francs, la réconciliation était faite et la dynastie raffermie pour bien des années. On serait arrivé ainsi par étapes successives au suffrage universel, auquel on aurait pu imposer des réglements et des garanties d'ordre qu'il ne possède pas.

Mais de ce que le Roi faisait une faute, il ne s'ensuivait pas que la France dut en commettre une autre bien plus grande. Louis Philippe était un roi éminemment constitutionnel, et comme tel irresponsable. Le ministère avait eu le tort grave de défendre les manifestations pacifiques des banquets, imitées du système anglais des meetings, qui n'avaient pour but que de faire connaître la volonté du peuple pour arriver à la concession demandée.

Une fois maîtres de la situation, les chefs du mouvement auraient dû se maintenir dans la Charte et respecter le Roi, qui n'était pas sorti de la légalité. Tout au plus auraient-ils pu exiger son abdication, qu'il aurait donnée volontiers en faveur du comte de Paris, fils du populaire et malheureux duc d'Orléans.

Ce jeune Prince, conduit à la Chambre au plus fort de l'orage par sa digne et vertueuse mère, allait être proclamé roi sous la régence de la duchesse d'Orléans, lorsque Lamartine, dont la parole magnifique était alors toute puissante, fit par une argumentation plus brillante et plus spécieuse que solide, tomber la balance du côté de la République dont il rêvait déjà la présidence.

Avec l'abdication et la régence le peuple rentrait en pleine possession de lui-même. C'était la meilleure république. Son éducation constitutionnelle n'aurait pas subi d'interruption, et il aurait évité les vingt années du régime bâtard qui a suivi 1848, et les désastres qui sont venu couronner le fameux édifice.

Mais c'est trop exiger du caractère français, peu réfléchi, qui n'aime pas à commander aux événements, et se laisse au contraire aller nonchalamment à leur courant.

C'est ainsi que la République, qui en 1848, ne comptait qu'un petit noyau de fidèles, fut proclamée au grand étonnement même de ces derniers. Cependant elle fut bientôt saluée avec acclamation. Le lendemain les républicains de la veille se trouvèrent nombreux. Elle fut acceptée d'ailleurs par tout le monde comme un terrain neutre sur lequel chacun allait essayer d'exécuter son petit plan.

Derrière la République il y avait deux prétendants qui attendaient qu'on voulût bien leur ouvrir le porte : Louis-Napoléon et le comte de Chambord qui du moins, il faut le dire à son honneur, s'est maintenu dans la majesté de son rôle.

Le clergé et la noblesse, qui n'avaient jamais pardonné à Louis-Philippe d'avoir accepté la couronne vacante de Charles X, eurent des tendresses pour la République, qui venait de les venger.

En général elle reçut bon accueil. Tout alla bien quelque temps. Le gouvernement provisoire fit de bonnes choses : l'abolition du serment et de la peine de mort en matière politique, la proclamation du suffrage universel, la taxe uniforme des lettres. On avait foi dans les hommes de bonne volonté qui s'étaient mis à la tête du pouvoir.

Il est à remarquer que les gouvernements sont le plus souvent compromis par leurs amis passionnés ou maladroits. Ainsi en 1848 les républicains extrêmes, si l'on peut donner le nom de républicains à ces hommes-là, voyant que le gouvernement provisoire ne s'empressait pas assez de faire table rase des vieilles lois et de réformer la société, ou plutôt impatients de saisir à leur tour le pouvoir, peut-être aussi pour ne pas désapprendre l'art de faire des barricades, descendirent dans la rue et livrèrent bataille à la République, le gouvernement de leurs rêves de 30 ans.

Mortellement blessée aux journées de juin, elle fut confiée par la majorité des électeurs à l'ex-prisonnier de Ham, dont personne n'ignorait l'idée fixe qui l'avait toujours possédé, et les prétentions à la couronne. Aussi, comme on devait s'y attendre, il lui donna le coup de grâce, viola son serment au moment où la présidence allait lui échapper des mains, et se fit absoudre par sept millions de français, qui devinrent ainsi ses complices en prenant une partie de la responsabilité de ce crime et des événements qui en ont été la suite.

Cet homme avait la manie des coups de main et des surprises. Son avènement a été un coup de main. Ses discours à effet, ses traités de commerce et ses déclarations de guerre n'ont été que des surprises. Sous son règne la France s'endormait en pleine paix ou sous le régime protecteur, et se réveillait au bruit du canon ou en plein régime de libre échange.

Comme Napoléon Ier, il avait confisqué à son profit la souveraineté nationale ; il avait déchiré la Constitution qu'il avait solennellement juré de maintenir et de défendre ; il était comme l'oncle entâché du vice originel qui devait amener la mort prématurée de sa dynastie.

Spectre vengeur, le 2 décembre se dressait devant lui pour l'accuser incessamment. Il n'y avait pas un procès politique, un fait scandaleux à la cour, un écart d'un de ses parents, féconds en équipées, qu'on n'évoquât cette lugubre date. Elle a été pour quelques hommes et notamment pour le jeune ministre qui est allé à vol d'oiseau organiser la défense dans les départements, une échelle facile pour monter à la renommée.

Le jeune et éloquent avocat avait une place réservée dans la société politique, il devait avec son talent se faire jour ; mais qui peut dire que, sans le procès de la manifestation Baudin, il eût encore monté les marches du palais Bourbon, où l'a trouvé la révolution du 4 septembre, amenée par la catastrophe de Sedan.

Plus que jamais il fallait compter avec le peuple, dont la portion éclairée s'éloignait de plus en plus du trône. A chaque nouvelle législature le flot de l'opposition allait toujours montant. Le système de compression était usé et ne pouvait plus arrêter le débordement. Le pouvoir ne pouvait pas davantage attendre son salut de la liberté, qui devait fatalement se retourner contre celui qui l'avait si mal traitée.

Le deux décembre lui avait aliéné les partis monarchiques, qui lui avaient été d'un grand secours en 1848. Il avait à son tour contre lui une coalition puissante, et il était évident que les factions diverses, surtout celle des républicains, se serviraient pour le détruire de l'arme qu'il mettait entre leurs mains. Il voulut pourtant essayer du système constitutionnel ; il proclama la responsabilité ministérielle et mit à la tête du cabinet un homme dont le nom était un gage de libéralisme ; mais en même temps, peu confiant dans la sûreté de son nouvel esquif, il ne cessait de s'accrocher aux branches qui bordaient le fleuve.

Le corps législatif avait enfin retrouvé toutes les prérogatives d'une chambre véritablement constitutionnelle ; mais, pour conjurer la foudre qui pouvait un jour tomber du palais Bourbon, le souverain eut recours à un expédient qui le mettait directement en rapport avec les dernières couches du peuple, et neutralisait ainsi l'influence de ses représentants. Comme on le pense bien, il s'agit ici du plébiscite. C'était retirer d'une main ce que l'on accordait de l'autre. Après avoir résigné le pouvoir absolu, l'Empereur le reprenait des mains du peuple.

Cette mesure, d'ailleurs, était une atteinte portée aux droits de la chambre et une humiliation pour elle, en même temps qu'un acte de suspicion.

On a peine à comprendre qu'un homme, imbu comme Emile Ollivier des doctrines libérales et constitutionnelles, ait consenti à devenir l'instrument de cette machination , et réagir ainsi contre ses premières années et contre les idées qui l'avaient élevé si haut dans la considération publique.

L'expédient ne réussit que trop bien ; le malade se crut sauvé parce que le remède empirique lui avait pour un instant rendu son ancienne vigueur, et il oublia toute prudence.

Généralement on a considéré le plébiscite comme un blanc-seing demandé au peuple pour faire la guerre ; cela n'est pas probable. La constitution donnait à cet égard tout pouvoir au souverain, et les questions décousues et contradictoires du plébiscite n'étaient pas posées en termes tels que la réponse affirmative du peuple pût avoir pour signification qu'il désirait la guerre. Mais, dira-t-on, si les adhésions avaient été en minorité le gouvernement, sentant le sol peu ferme sous ses pieds, n'eût pas osé se lancer dans une entreprise si grosse de périls.

Cette opinion ne paraît pas fondée. La tradition des Bonaparte était qu'il fallait éblouir le peuple par l'éclat de grands faits militaires pour le gouverner ; or l'homme de Boulogne devait moins que tout autre abandonner cette tradition. L'extension de la France jusqu'aux frontières du Rhin était l'idée fixe de Napoléon III, qui croyait devoir orner son règne d'un grand trophée et transmettre à son fils une couronne glorieuse. Si la réponse du peuple lui avait démontré que sa popularité chancelait, vu son caractère avantureux, il y aurait trouvé double motif d'entreprendre la guerre : se raffermir d'abord en remuant fortement la fibre nationale, et réaliser enfin le rêve de son règne. Le ministère et les chambres auraient seuls pu l'arrêter ; mais ni les ministres ni les sénateurs, ni les députés ne savaient lui résister.

Sans doute, des hauteurs où se trouve le trône, le souverain ne voit que d'une manière confuse ce qui se passe en bas. La vérité est obscurcie par les distances et décomposée par les prismes qu'elle doit traverser pour arriver jusqu'à lui. Comment expliquer autrement les divergences qui existent entre le programme du Prince Président, le discours de Bordeaux et le règne de Napoléon III, qui n'a été depuis 1854 que l'antithèse de ses promesses pacifiques.

Le prince voyait sainement la situation, et agissait dans le sens de ses intérêts lorsque, dans le discours habile qui était encore, il y a peu de temps, gravé sur le marbre à la Bourse de Bordeaux, il cherchait à rompre toute solidarité entre son nom et l'idée de guerre ; seulement pour tout observateur quelque peu attentif, il était facile de prévoir que cette audacieuse proposition : *l'Empire c'est la paix*, serait impossible dans l'application ; mais la majorité du pays se laissa prendre à l'appât de ces belles paroles plus spécieuses que sincères.

De même qu'il serait absurde de demander au cormier de produire des poires, de même il était insensé d'attendre de l'aventurier de Strasbourg et de Boulogne un règne tranquille et régulier. Un peuple ne peut se flatter de conserver la paix qu'à la condition de ne pas intervenir dans les affaires des autres nations ; or pouvait-on se promettre qu'un Napoléon, qui avait donné des preuves d'une si grande légèreté, une fois maître des forces du pays, ne serait pas tenté d'imposer partout sa volonté, et de se faire l'arbitre des destinées du monde ?

A peine installé sur le trône nous avons eu la guerre de Crimée, dont le résultat le plus clair à été de nous aliéner la Russie, puis la guerre d'Italie, dont le but était de dépouiller l'Autriche de deux de ses plus belles provinces, sous prétexte qu'elles n'étaient pas de langue Allemande, chose peu logique de la part d'un souverain qui méditait l'annexion des provinces allemandes du Rhin ; or voici les fruits de la guerre d'Italie où la France a sacrifié cent mille hommes et un milliard. L'Italie a fait son unité, mais il a fallu longtemps lui interdire l'accès de Rome et tenir garnison dans la ville éternelle, et par suite la nation que nous venions de créer nôus a tenu rigueur. De même l'Angleterre, qui a toujours vu de mauvais œil l'occupation française, et c'est en vain qu'on a livré notre marché à sa puissante industrie.

Le résultat le plus déplorable de cette guerre a été de rompre au profit de la Prusse l'équilibre des deux grandes puissances germaniques, après avoir donné à celle du Nord, par l'exemple de l'Italie, l'idée de réaliser à son profit l'unité allemande.

La guerre d'Italie était grosse de Sadova ; pour comble de malheur, quand la lutte s'est engagée entre les deux grandes rivales, la France était occupée dans une guerre stérile et insensée. Peut-être si nos forces n'avaient pas été engagées au Mexique, la Prusse n'eût-elle pas osé faire son entreprise contre la Confédération.

Il est vrai que le rusé chancelier parait avoir depuis longtemps entretenu son naïf adversaire dans l'idée qu'il serait son partenaire au grand jeu qui allait se jouer ; et le souverain qui avait été si adroit pour confisquer les libertés de son pays avait donné dans le panneau. Quelle magnifique affaire ! Sans rien mettre en jeu que son habileté, il allait d'un coup de raclette tirer à lui les provinces du Rhin, et Bismark devait de sa main désintéressée pousser ce bel enjeu de notre côté !

Tels étaient sans doute les plans que cet homme infernal allait dresser avec sa triste dupe au palais de Biarritz, où rien, sauf le bruit des flots, ne pouvait les troubler. On sait ce qui est advenu ; la partie terminée, le grec de Berlin, qui n'avait pas donné des arrhes, a tout pris et tout gardé.

Depuis Sadova la politique française, dans la question allemande, a été de plus en plus pitoyable, sans suite et parlant sans dignité.

On se souvient que de temps à autre l'ex-Empereur, qui aimait à prendre le rôle de Jupiter Olympien, avait l'habitude de lancer ses foudroyants oracles à l'occasion de quelque grande fête ou de quelque nombreuse agglomération d'hommes.

Il s'apitoyait sur le sort de la Prusse et regrettait que les traités de 1815 ne lui eussent pas fait une plus large part. « Elle manquait de cohérence, d'homogénéité et de force au nord » (1). La conclusion était qu'il fallait lui laisser prendre ce qui lui manquait. En vérité on croit rêver lorsque l'on jette un coup d'œil rétrospectif vers le passé.

Le neveu du vaincu de Waterloo, après avoir livré l'industrie française aux Anglais, a aussi une larme de tendresse pour la Prusse, qui n'est pas assez forte. Hélas ! Elle ne l'avait été que trop, et elle était de nouveau prête à nous infliger plusieurs Waterloo dans l'espace de quelques mois!

Après une telle preuve d'absence de sens dans un manifeste qui devait, avec la rapidité de l'éclair, passer jusqu'aux extrémités du monde, la gauche, qui ne manquait pourtant pas d'énergie, a eu le tort de ne pas formuler une demande en interdiction. Certes, cette proposition se serait brisée contre le fétichisme de la majorité, qui aurait proclamé une fois de plus l'infaillibilité de son idole, mais le coup aurait porté et provoqué dans le peuple de sérieuses réflexions.

Il caressait cette puissance dans l'espoir d'une grande faveur. C'est par condescendance qu'il s'est contenté de belles promesses sans garanties.

Renversons la situation et supposons que Napoait dit à Bismark : vous me demandez l'Alsace et

(1) Lettre de l'Empereur au Ministre des Affaires étrangères, du 11 juin 1866.

la Lorraine, je veux bien vous les donner mais laissez-moi auparavant me fortifier ; attendez que je me sois emparé de la Belgique, et puis nous réglerons cette affaire. Toutefois vous pouvez y compter, je vous donne d'ores et déjà ma parole d'honneur.

On voit bien comment le renard poméranien aurait accueilli une pareille ouverture. Eh bien ! la question n'avait pas été autrement posée par lui.

Laissez-moi me fortifier, laissez-moi mettre la main sur la Confédération et réduire l'Autriche à l'impuissance, ensuite vous *prendrez* les provinces du Rhin.

Après cette déception le gouvernement français eut le tort de ne qas savoir dissimuler sa mauvaise humeur, qui au contraire éclata en maintes circonstances.

Qui ne se rappelle les puérils et dangereux aveux de M. Rouher dans un discours qui avait la prétention d'être profond, et qui n'était que compromettant pour le maintien de la paix et la dignité de notre politique ; car d'un mot tombé de sa bouche il détruisait tout le mérite que la France pouvait avoir aux yeux de la Prusse de ne pas être intervenue en faveur de l'Autriche.

Les angoisses que la victoire de Sadova avait occasionnées au Ministre, plus beau parleur que logique penseur, étaient pour la Prusse une preuve que l'on avait compté aux Tuilleries sur le succès des armes autrichiennes, qui aurait amené une intervention dont les provinces rhénanes auraient été le prix.

Ce succès eût été possible si la France elle-même

n'avait auparavant, par la guerre d'Italie, rendu l'Autriche impuissante.

L'affaire du Luxembourg, heureusement étouffée, était une nouvelle preuve des dispositions malveillantes du gouvernement français pour son puissant voisin.

Faut-il s'étonner encore que celui-ci ait tout fait pour que la lutte, qui paraissait inévitable, tournât à son avantage. Le sol était partout couvert de poudre, la moindre étincelle devait fatalement amener l'explosion. Cette étincelle prise sur le sol brûlant d'Espagne, nous a été jetée par le général Prim , qui déjà avait allumé l'incendie dans son pays.

Toutefois, le prince de Hohenzollern ayant retiré sa candidature, le danger semblait conjuré, et l'étincelle allait s'éteindre, si l'on n'y avait soufflé dessus.

On sait que le Roi ayant été poussé à bout par l'exigence d'une garantie pour l'avenir, notre ambassadeur essuya un refus d'audience qui amena la déclaration solennelle de la guerre.

Même après cet affront, il n'y avait pas urgence à ouvrir les hostilités. Puisqu'on n'était pas prêt il fallait se borner à rappeller l'ambassadeur; L'honneur national était sauvegardé par cette mesure.

Le gouvernement français s'était à tort ingéré dans les affaires intérieures de la Péninsule. Chaque fois que les hommes d'état de Madrid lui présentaient un candidat, ils étaient sûrs d'avance qu'il y ferait opposition. Il ne voulait voir arriver au trône d'Espagne ni le duc de Montpensier, ni le duc d'Aoste, ni le duc de Gênes, il prétendait imposer à ce pays la restauration des Bourbons, et mettre sur la tête du prince des Asturies la couronne d'Isabelle.

Un gouvernement a toujours assez de ses propres difficultés, sans aller prendre en mains les affaires des autres nations. Napoléon eût infiniment mieux fait de laisser la turbulente Espagne régler elle-même ses destinées , dût-elle mettre à sa tête un prince de Prusse. Ayant à lutter contre les quatre partis qui se divisaient le pays : les républicains, les partisans de Montpensier, les Carlistes et les amis du prince des Asturies, l'Allemand avec son accent tudesque, ses goûts et ses habitudes diamètralement opposées aux manières espagnoles, ne se serait pas maintenu sur le trône.

Mais la mystification de Biarritz voulait être vengée. La guerre était arrêtée d'avance en principe aux Tuileries, et la Prusse de son côté était prête.

Chose singulière ! armée d'une façon formidable et désirant la guerre pour le moins autant que le gouvernement français, elle eut l'adresse de laisser du côté de celui-ci les torts apparents, et de se faire attaquer par un ennemi qui depuis longtemps cherchait toutes les occasions d'entrer en guerre sans être nullement préparé.

Aux fautes politiques l'impéritie du gouvernement a ajouté les fautes militaires, qui ont donné entrée sur le territoire français à des flots de Vandales qui le saccagent depuis six mois.

Les débats qui précédèrent la loi sur l'organisation de nos forces militaires avaient établi que la Prusse, sans les états du Sud, pouvait mettre sous les armes au premier signal 1,200,000 hommes exercés, soit dans le cas d'une alliance probable avec les états du Sud 1,600,000 combattants. Or, c'est avec une armée de 300,000 hommes que l'on s'est flatté de marcher sur Berlin. C'était une folie dont on ne peut trouver l'explication que dans l'antique maxime :

Quos perdere vult Jupiter dementat.

Il était évident qu'au premier choc nous ne pourrions pas tenir. Cependant cette armée, quoique inférieure en nombre, aurait pu faire bonne contenance, mais à la condition d'entrer immédiatement en campagne, seul moyen de séparer de la Prusse les états du Sud, de faire avec nos escadres une puissante diversion sur les mers Baltique et du Nord, et surtout à la condition de ne pas morceller cette armée, déjà relativement si faible, en six fractions, qui devaient agir sans accord et sans solidarité. Il suffisait de la diviser en deux corps ou trois au plus, qui auraient dû se tenir sans cesse en communication.

Mais il fallait donner l'occasion à trois généraux divisionnaires de gagner le maréchalat ; l'un avait commandé l'école polytechnique, l'autre l'armée d'occupation de Rome, et avait fait merveille à Mentana. On sait quelle influence désastreuse ces deux chefs ont eu sur les premiers événements. Quant au général Ladmirault il parait avoir plus souffert de la situation qu'il ne l'a gâtée.

Le maréchal Bazaine semble avoir emprunté au maréchal Bernadotte, avec lequel il a une assez grande conformité de caractère, sa fameuse théorie de laisser l'ennemi s'user sans le combattre et de se grandir relativement à ses camarades en évitant les revers. Tout le temps qu'il a commandé un corps séparé on ne l'a vu nulle part, et comme il était le seul qui n'eût pas été vaincu on lui a donné le commandement général.

Le maréchal Lebœuf avait annoncé à la tribune que l'armée était prête et qu'il ne lui manquait pas un bouton de guêtre. Les événements on démontré combien cette déclaration était peu d'accord avec la réalité.

L'intendance était en désarroi, et il a fallu un grand mois pour être en état d'entrer en campagne, juste le temps pour les Allemands de s'organiser et de se concentrer.

Comme l'intendance notre corps d'état major était relativement à l'état major prussien d'une infériorité honteuse ; cela devait être : en Prusse ce corps est sans cesse épuré par des épreuves continuelles. En France au contraire le recrutement de cette arme est laissé au hasard d'un examen à la sortie de l'école. Comme dans l'infanterie et la cavalerie l'officier ne s'occupe guère de choses instructives, à quoi bon ? Chez nous les actes de bravoure personnelle ou de témérité sont plus appréciés que le savoir, et mènent plus sûrement aux honneurs du commandement, sans parler d'une autre voie, la protection, qui conduit également aux postes les plus élevés.

La supériorité des officiers prussiens a encore une autre cause : le service étant obligatoire pour tout le monde, toutes les aptitudes militaires sont mises au jour.

Pour comble de malheur notre artillerie aussi était bien inférieure en quantité et en qualité à celle de l'ennemi. C'est là une révélation qui nous a été apportée par nos revers et à laquelle nous ne devions pas nous attendre.

Le chef du gouvernement, ancien officier d'artillerie au service de la Suisse, avait pendant son exil composé un ouvrage sur cette arme. Plus tard il avait trouvé les canons rayés et les mitrailleuses.

Le Ministre de la guerre, lui-même, s'était élevé dans cette savante spécialité ; il avait toujours passé pour un officier d'un grand mérite et s'était distingué dans les guerres de Crimée et d'Italie.

En outre, nous avions à notre ambassade de Berlin le colonel Stoffel, qui appartenait à la même arme et devait avoir pour mission, s'il en avait une, d'étudier les progrès des armes prussiennes et surtout de l'artillerie, qui a toujours été réputée la première du monde (¹)

On n'a pas oublié la dépêche envoyée par l'Empereur après la bataille de Saarbruk, et qui contenait cet aveu naïf : *L'ennemi avait des mitrailleuses qui nous ont fait beaucoup de mal.* Il ne savait pas que les Prussiens avaient des mitrailleuses ! Il n'avait donc aucune notion des armées qu'il allait combattre, cet homme qui voulait passer pour avoir toutes les connaissances et toutes les aptitudes humaines. Homme de guerre, homme de lettres, historien, archéologue, savant, politique profond et

(1) Cet officier distingué, dans un mémoire publié par le *Journal des Débats* pendant le siége de Paris, répondant aux accusations qui s'élevaient de toutes parts contre lui, a dégagé sa responsabilité et démontré qu'il avait averti le gouvernement de la supériorité écrasante des armes prussiennes. Mais l'empereur et le Ministre de la guerre étaient aussi aveugles l'un que l'autre, et ses rapports, comme ceux de M. Benedetti, furent enfouis dans les cartons du Ministère probablement sans avoir même été lus.

galant cavalier, il voulait être tout cela aux yeux de ses contemporains et de la postérité ; mais il a perdu aux derniers événements ses bagages d'emprunt, et les seuls effets qu'il emportera dans l'histoire seront : un nom glorieux à jamais avili et la France trop confiante poussée par lui dans l'abîme !

Si tous les gouvernements ont péché, nous avons nous aussi Français à faire notre meâ culpâ. Comme les Gaulois, nos ancètres, dont nous avons tous les défauts et toutes les qualités, nous nous débilitons dans de stériles et éternelles discordes. Nous passons sans cesse d'une forme politique à une autre. Tout parti déchu devient sympathique aux ennemis du pays, et se croit dispensé d'aimer et de servir sa patrie, s'il n'en dirige lui-même les destinées. Même sous le poids d'un ennemi formidable qui nous écrase nous ne pouvons pas faire trêve un instant à nos passions.

Pour comble de malheur la presse, qui devrait être dans les circonstances actuelles un élément d'union, attise et souffle sans cesse la discorde. — La jeunesse française, au lieu de chercher ses jouissances dans les exercices du corps et de l'esprit, qui fortifient, les demande à l'ivrognerie, qui abrutit et fait descendre l'homme au dernier degré de l'abjection.

Nos chansonniers et surtout Béranger, le chantre du Bonapartisme, qu'on a beaucoup trop flatté, ont poétisé l'ivrognerie, et produit en partie le mal qui nous ronge.

Béranger n'a-t-il pas écrit :

> Pour des vins de prix,
> Vendons tous nos livres ;
> C'est peu d'être gris,
> Amis soyons ivres.

Faut-il s'étonner si les jeunes étudiants du quartier latin, dont le chansonnier était l'idole, s'empressaient de suivre ses conseils, abandonnaient les livres pour se vouer à la gaieté, et désertaient l'école pour hanter les estaminets ? Faut-il s'étonner si le paysan et l'ouvrier, suivant l'exemple du bourgeois, délaissaient la famille pour le café et le cabaret, et si aujourd'hui, comme suite de cette démoralisation, nous voyons dans les rues tant de soldats qui ont si peu de souci de leur tenue, et si l'indiscipline règne en souveraine dans notre armée ?

Non contents de chanter le vin et ses effets, nos chansonniers avec le puissant concours des auteurs dramatiques et des romanciers, n'ont cessé de déverser le ridicule sur le mariage, et de saper par le sarcasme cette institution, base de toute société civilisée. C'est là une des causes de la stagnation de la population en France, dont le mouvement, il est vrai, a été arrêté par d'autres causes, telles que la conscription et les guerres des deux empires. Napoléon Ier surtout, en sacrifiant sur les champs de bataille pendant vingt ans et enlevant à la génération l'élite de la jeunesse, a puissamment contribué à baisser le niveau de la taille et de la force physique ; ce fait, que les Allemands ont remarqué après les premiers engagements, n'a pas non plus été étranger à nos revers.

Tout comme le pouvoir le peuple a ses flatteurs.

La presse radicale et certains romans, tels que

ceux de Victor Hugo, George Sand et Eugène Süe, ont tellement exalté les vertus et l'aptitude politique des ouvriers, ils leur ont tellement répété que, victimes de l'état social, ils n'étaient rien et devaient être tout, comme disait Sieyés du tiers état en 1789-qu'ils ont fini par se persuader qu'en eux seuls résidaient les lumières, l'esprit de progrès et l'amour du bien public. Cette illusion a tari en eux le goût du travail, qu'ils subissent en général comme une dure nécessité, cherchant toujours dans les agita, tions politiques l'occasion de s'en affranchir.

Pour eux comme pour la plupart des Français l'oisiveté et les jouissances matérielles constituent l'idéal du bonheur. De là cette envie que portent aux riches ceux qui ne possèdent pas, et par suite le peu d'empressement de ces derniers à défendre le pays.

De leur côté les hommes favorisés de la fortune en général se pénètrent peu des devoirs sociaux qui leur incombent.

Jouir de leur avoir et l'augmenter paraît être le plus souvent leur unique souci. Le bien public, l'intérêt de la patrie, sont pour eux des affaires très secondaires. Avant tout ils voient leur bien-être. Des hommes considérables du régime impérial n'ont-ils pas déjà noué des intrigues avec le roi de Prusse, dans l'espoir de ressaisir les hautes positions qu'ils ont perdues par leur faute ?

Comme l'ouvrier, la population aisée en France a de l'antipathie pour le travail. Aussi nos jeunes gens ne font-ils qu'ébaucher leur instruction, et lorsqu'ils sont entrés dans une carrière ils pensent qu'il n'ont plus rien à apprendre. Ils se laissent aller nonchalamment au courant de la routine, pendant que les Anglais, les Allemands et les Américains du Nord dotent chaque jour la science et l'industrie de nouvelles découvertes dont nous sommes longtemps à recueillir les avantages.

Pauvres ou riches, dans les grandes villes surtout, les Français ont un goût très prononcé pour la nouveauté, les changements de gouvernement et les révolutions.

Depuis 1789 la France a eu quatre rois constitutionnels que les Chartes déclaraient inviolables. Aussitôt qu'ils ont eu des difficultés avec le peuple ils ont été déposés.

Cependant une charte n'est qu'un acte synallagmatique passé entre la nation et le souverain, et qui lie également les deux parties. Si l'une d'elles viole les clauses du contrat, il faut que l'autre partie la ramène à leur exécution. Mais on ne doit pas pour cela déchirer le contrat, si l'on ne veut pas justifier la première violation par une seconde. C'est pour avoir méconnu ce principe fondamental que la France n'a pas pu conserver le régime constitutionnel, qui, tenant le milieu entre la monarchie absolue et la république, participe aux avantages de ces deux formes de gouvernement sans en avoir les inconvénients, et assure la liberté et la stabilité.

Dans la même période de temps elle a fait deux fois l'essai de la république, qu'elle a platoniquement laissé escamoter deux fois par ceux qu'elle avait chargé de la gouverner et de la défendre.

Elle a eu deux souverains absolus, sous lesquels elle s'est pliée et énervée au point de leur laisser accomplir des actes de folie auxquels les générations futures auront peine à croire.

Paris seul, il est vrai, a fait tous les changements, toutes les révolutions ; mais la France a toujours ratifié avec empressement les actes les plus insensés de la capitale, si bien que celle-ci a pu croire qu'elle avait le droit d'imposer sa volonté au reste de la nation, qui a fini par se désintéresser de ses propres affaires politiques et s'est habituée à attendre tout de Paris, même son propre salut.

Si à l'imitation des Etats-Unis la France, résistant à la pression qui ne manquera pas de se faire, répudiait comme capitale cette ville si dangereuse pour la stabilité du gouvernement, et demandait par voie de pétitions que le siége de l'assemblée et du pouvoir exécutif fût établi soit à Bordeaux, soit dans une ville plus centrale, Bourges par exemple, dont il serait facile de faire une place très forte, l'ère des révolutions en France serait à jamais fermée.

A part quelques dévouements honorables, les Français ont été mous à la défense nationale, chacun faisait des vœux pour le succès de nos armes, mais attendait que le gouvernement vînt le requérir, et criait bien fort s'il en oubliait quelqu'un dans ses foyers.

De grandes cités même, telles que Lyon, Toulouse, Marseille et Grenoble, ont affligé le pays par le spectacle hideux de l'appel à la guerre civile, à un moment où la France avait besoin de l'union et du concours de tous ses enfants, pour soutenir la lutte suprême engagée contre un ennemi impitoyable.

Dans les grandes villes un bon nombre de jeunes gens, qui n'appartenaient pas tous au parti républicain, et qui se trouvaient sous le coup de la levée, ont trouvé dans les malheurs de la patrie une occasion de parader en galons, képis et bottes hongroises. Ces beaux cavaliers, qui parlaient bien haut de la guerre à outrance et du peu de solidité de nos mobiles et de nos soldats, étaient parvenus par tous les moyens d'influence qu'avaient leurs parents, à se caser dans les parquets, les administrations et les ambulances.

Maintenant que nous voilà dans le chaos sous l'étreinte de l'ennemi, tâchons de ne plus être pour le monde un objet de mépris et de risée. Acceptons franchement et sans arrière pensée le gouvernement que nous ont donné les élections du 8 février, et facilitons lui par notre union la tâche immense, effrayante qui lui est échue.

Ne faisons pas du traité désastreux qui nous a été imposé par un vainqueur insolent et sans humanité un objet de récriminations contre les hommes d'État qui y ont apposé leurs signatures, sans avoir pu obtenir de moins dures conditions. Jugeant dans leur sagesse que la continuation de la lutte n'offrait plus de chance de succès, ils ont sacrifié leur popularité et subi la loi de la force inexorable.

Réservons donc toutes nos malédictions pour l'ennemi, et serrons-nous autour du pouvoir afin de l'aider à réparer nos pertes et venger nos humiliations. Mettons un terme à nos vaines discordes sur la forme du gouvernement.

Tout instrument est bon si on le façonne bien et si l'on sait s'en servir. Il en est de même d'un gouvernement constitutionnel ou républicain, qui n'est que l'instrument mis aux mains du peuple. Si l'instrument fonctionne mal, au lieu de le briser il faut corriger son défaut et s'appliquer soi-même à mieux le diriger. C'est à cette condition qu'on pourra faire de la bonne besogne politique.

Relevons notre niveau moral pour éviter à l'avenir de nouvelles inondations de Vandales.

C'est pour avoir manqué d'esprit de solidarité et de patriotisme que nos ancêtres, il y a 1800 ans, devinrent la proie de Jules Cesar, et plus tard des aïeux même de nos envahisseurs actuels, se laissant battre en détail peuplade par peuplade, et se faisant quelquefois les auxiliaires de l'ennemi en haine de leurs voisins.

Aujourd'hui que la France ne comprend qu'une nation homogène, nous serions bien moins excusables si nous avions un autre mobile que l'indépendance de la patrie.

Faisons donc tous aujourd'hui sur son autel le sacrifice de nos préférences, de nos haines et de nos préjugés personnels. N'ayons tous qu'une aspiration : le salut du pays. Que la Presse déploie autant d'activité pour amener l'entente et l'union qu'elle en a dépensé pour semer la haine et la discorde entre les citoyens ; que le peuple français ne forme plus qu'une immense faisceau, si serré que l'ennemi ne puisse le rompre, et avec l'aide de Dieu, qui nous trouvera peut-être dignes de sa protection, nous sortirons de la situation la plus cruelle et la plus périlleuse qui ait jamais été faite à un grand peuple.

Bordeaux. — Imp. Aug. BORD